CATALOGUE

D'UNE COLLECTION

DE

MÉDAILLES

DES XVᵉ, XVIᵉ & XVIIᵉ SIÈCLES

Provenant d'Italie

DONT LA VENTE AUX ENCHÈRES PUBLIQUES AURA LIEU

HOTEL DES COMMISSAIRES-PRISEURS

Rue Drouot, nº 5

SALLE Nº 1,

Le Samedi 4 Février 1860

Par le ministère de Mᵉ **CHARLES PILLET**, Commissaire-Priseur,
rue de Choiseul, 11 ;

Assisté de M. **ROLLIN**, Expert, rue Vivienne, 12.

Chez lesquels se distribue le présent Catalogue.

EXPOSITION LE VENDREDI 3.

PARIS

RENOU ET MAULDE

IMPRIMEURS DE LA COMPAGNIE DES COMMISSAIRES-PRISEURS

Rue de Rivoli, 144.

1860

CATALOGUE

D'UNE COLLECTION DE

MÉDAILLES

DES XVe, XVIe & XVIIe SIÈCLES

Provenant d'Italie

DONT LA VENTE AUX ENCHÈRES PUBLIQUES AURA LIEU

HÔTEL DES COMMISSAIRES-PRISEURS

Rue Drouot, n° 5

SALLE N° 4,

Le Samedi 4 Février 1860

Par le ministère de Me **CHARLES PILLET**, Commissaire-Priseur,
rue de Choiseul, 11 ;

Assisté de M. **ROLLIN**, Expert, rue Vivienne, 12.

Chez lesquels se distribue le présent Catalogue.

EXPOSITION LE VENDREDI 3.

PARIS

RENOU ET MAULDE

IMPRIMEURS DE LA COMPAGNIE DES COMMISSAIRES-PRISEURS
rue de Rivoli, 144.

1860

CONDITIONS DE LA VENTE

———

Elle sera faite au comptant.

Les acquéreurs paieront, en sus des adjudications, cinq pour cent applicables aux frais de vente.

CATALOGUE

D'UNE COLLECTION

DE MÉDAILLES

Des XVe, XVIe & XVIIe siècles.

1. *D. Fernandus, Toledo, Dux Albe.* Buste cuirassé. ℞. lisse. 7 c 1/2.
2. *Jos. Carillo de Albornoz, dux de montemar.* Buste à d. ; à l'exergue, AN. MDCCXXXV. ℞. *recuperatis.* Victoire debout sur un monceau d'armes, tenant deux couronnes. 9 c.
3. *Alexander, med. dux Florentiæ I.* Buste à D. ℞. *fundator quietis.* MDXXXIII. Femme assise, mettant le feu à un trophée d'armes. 4 c.
4. *Alidoxius, car. papien, bon. romandiolæ, q. c. legat. fr.* Buste à d. ℞. *his acibus curru, q. cito duceris ad astra.* Jupiter tenant la foudre conduit dans un char par deux aigles. 6 c.
5. *Alfonsus Paleotus Archiep, bon. sac. rom. imp. princeps.* Buste à gauche. ℞. Anno gratiae M.D.C.V. Écusson surmonté d'une croix. 7 c.
6. *Anna, m. Aloys, com. p. rh. electr, nata, m. pr. etr. 1795.* Buste à d. ℞. *diffuso lumine.* L'Arno et le Rhin couchés sont éclairés par le soleil. 9 c.
7. *D. Maria Aragoniae.* Buste à d. ℞. lisse. 5 c.
8. *Joannes Aloisius Tuscanus advocatus.* Buste à g. ℞. *incertum juris consultus orator en poeta prestantior,* dans une couronne. 7 c.
9. *D. Isettae Ariminensi.* Buste à d. ℞. Éléphant; à l'exergue, M.C.C.C.C.XLVI. 8. c.
10. *Divus Petrus Aretinus.* Buste a gauche. ℞. *veritas odium parit.* Victoire couronnant la Vérité qui tient l'Envie à ses pieds. 6 c.

11. *Decius card. Azzolinus.* Buste à g. ℞. *invidiam virtute.* Aigle tenant un serpent dans ses serres. 6 c.

12. Même tête et même légende, 1681. Tête à d. ℞. semblable au précédent.

13. *Oct. s. r. e. pr. car. bandinus. leg. a. tur* M.D.C. Buste à d. ℞. *Bap. coll. maceros. Iesus.* St-Jean-Baptiste assis. 4 c.

14. *Barzabar isr. archiep. flor.* Buste à d. ℞. *dissiminabunt scientiam.* Un lys entre deux tours. 4 c.

15. *Cornelius Bentivolus.* Buste à d. R. lisse. 7 c.

16. *Lucia Bertana.* Buste à d. ℞. lisse. 7 c.

17. *Ant. m. Bischonius. flor. bazil. s. laur. cau. medic. laur. biblioth. reg. praef. act. an.* LXXIII. Buste à d. ℞. *negata tentat iterum.* Hercu'e tuant l'hydre. 9 c.

18. *Ignatius. s. p. r. diac. card. boncompagnus Ludovisius. bon. delat. legatus.* Buste à g. ℞. *bononia resurges.* Le cardinal relevant Bologne. A l'exergue, M.D.C.C L.XXVIII. 5 c.

19. *Car. Boromeus. card. archiep. medi.* Buste à g. ℞. *sola gaudet humilitate deus.* L'agneau pascal sur un autel. 6 c.

20. *Antoninus pius Augustus.* Buste à g. de Caracalla. ℞. Homme nu pleurant sur des ossements humains, à côté un amour. Plomb. 10 c.

21. *Camill. s. r. c. p. c. marimus.* Buste à g. ℞. *astra tenet.* Le signe du zodiaque le lion; dessous, un fleuve couché au milieu d'instruments de science; à l'exergue, *ant. de Cavaleri d. d.* 1678. 6 c.

22. *Balthasar. castilion. cr. f.* Buste à d. ℞. *tenebrarum et lucis.* Le char d'Apollon sortant des nuages.

23. *Victor Gumeli… ipsius effigiator.* M.D.VIII. Buste à d. ℞. *Fave fort.* 4 c.

24. *Mar Verugulicata scoti.* Buste à d. ℞. lisse. Plomb. 7 c.

25. *Flavius. r. e. card. chisius.* Buste à d. ℞. *Justitiae et veritati.* La Justice et la Vérité assises; à l'exergue, *m. solda-nus f. ann.* M.D.CLXXX. 6 c.

26. *Christiana. princ. loth. mag. dux. hetrur.* Buste à d. ℞. lisse 10 c.

27. *Pascal Ciconia duce Venetiar. et g. an. dni.* 1593. Le lion de Saint-Marc. ℞. *formulit italiae et christ. fidei propugnaculum.* Une croix entourée des mots : *In hoc signo tuta palma.* 5 c.

28. *Ant. Cocchius phil. med. anat. antiq. florent. act. I.* Buste à d. ℞. *inlustrant commoda ætae.* La Médecine et la Physique assises; à l'exergue, MDCCXXXXV. 7 c.

29. *Philippus. Maria. Anglus. dux mediolani* et cetera. *Papie anglerie que comes ac genue dominus.* Buste à d. ℞. Deux guerriers à cheval la lance au poing devant un fort; à l'exergue, *opus pisani pictoris.* 11 c.

30. *Cos. med. magnus dux etrariae.* Buste à d. ℞. *imminutus crevit.* Bœuf donnant de la corne. 4 c.

31. *Cosmus med. II. reip. flor. dux.* Buste à d. ℞ *fiducia fati animi conscientia.* Capricorne et étoiles. 3 c.

32. *Cosmus med. r. p. florent. dux II.* Buste à d. ℞. *tuscorum et ligurum securitati ilea renascens.* Un port. 4 c.

33. *Cosmus III. etruscorum rex.* Buste à d. ℞. *deliciae populi, deliciae domini.* Saint Joseph, l'enfant Jésus , et des anges voltigeants. 8 c.

34. *Cosmus III. d. g. mag. dux etr. VI.* Buste à d. ℞. *certa fulgent sidera.* Un vaisseau à la voile au milieu des flots, au-dessus cinq étoiles. 9 c.

35. *Vincentius, s. r. e. diac. card. costagutus.* Buste à d. ℞. *ut graviora à maemoribus lenirentur.* Vue d'une ville; à l'exergue, *in antiq. littore. extraducta.* 4. c.

36. *Odoardus. farn. diac. card. s. Eustachi.* Buste à d. ℞. *majorum suorum pietatem. etc.* Légende de six lignes occupant tout le champ. 4 c.

37. *Alexander card. farn. s. r. e. vicecan.* Buste à d. ℞. *fecit anno. sal. M.D.L.XXV.* Une église, à l'exergue ROMAE. 5 c.

38. *Alexander. car. farn. s. r. e. vicecan.* Buste à g. ℞. *homini jesu sacrum.* Vue d'une église, à l'exergue *an. m. d. LVIII Romae.* 4 c.

39. *Octavius. parm. et plac. dux. II.* Buste à d. ℞. *cum deis non contendendum.* Apollon et Marsyas. 3 c.

40. *Ferdinand. d. g. ro. hunga. bo. rex.* Buste à d. ℞. lisse. 7 c.

41. *Ferdinandus II. d. g. mag. dux. etrur.* Buste à d. ℞. lisse. 4 c.

42. *Ferdinand. d. g. ro. hunga. bo. rex.* Buste à d. ℞. lisse. 7 c.

43. *Cyrus. Ferrus. pict. et. archit.* Buste à d.; dessous, *aetatis 46. 1607.* ℞. *in utraque Cyrus.* L'Architecture et la Peinture debout. À l'exergue, *m. soldanus f.* 7 c.

44. *Philippus d. g. hispaniarum et angliae rex.* Buste à g. ℞. *hinc vigilo.* Thésée combattant la Chimère. 4 c.

45. *Philippus II. hispan. et. noci. orbis occidut rex.* Buste à g. ℞. *pace terra mari que composita.* La Paix brûlant des armes devant le temple de Janus. 4 c.

46. *Dominic. Fontana. civ. ro. com. palat. et. aq. aur.* Buste à d. ℞. *jussu. Sixti. V. pon. o. m. erexit.* Quatre obélisques surmontés de statues. 1589. 4 c.

47. *Franc. med. mag. dux. etruriae. II.* Buste à d. ℞. *sine epig.* Bélier. 4 c.

48. *Franciscus. Redi. patricius Aretinus.* Buste à d. ℞. Minerve découvrant la Santé appuyée sur un autel; derrière, un temple, sur le fronton duquel on lit : *Saluti.* Exergue, *m. soldanus. f.* 9 c.

49. Même buste. ℞. Silène à cheval, entouré de faunes et de bacchantes chantant et dansant. Exergue, *canebam.* 9 c.

50. Même buste. ℞. Minerve présentant une couronne à la Terre; le génie du mal est renversé. Derrière, un temple, sur le fronton duquel on lit : *aeternitati.* Exergue, *m. s. f.* 1605. 9 c.

51. *Franciscus. III. d. g. Loth. bar. et. m. etr. d. rex. hier.* Buste à d. ℞. *Spes publica.* L'empereur à cheval passant sous un arc de triomphe; une Ville à genoux lui présente un rameau. Exergue, *advent. opt. princ.* M.D.CC.XXXIX., sur une base, *l. m. weber.* 9 c.

52. *D. princeps franciscus medicis.* Buste à d. *cup.* 1615. ℞. lisse. 9 c.

53. *Franciscus Estensis.* Buste à d. ℞. *pari animo.* Deux temples ronds. 7 c.

54. *Fridiricus. s. r. e. diac. card. Landgravius hassiae.* Buste à d. ℞. *pro deo et ecclesia.* La Religion debout tenant un calice et une longue croix; près d'elle, un lion. 5 c.

55. *Io. Gasto. ab. Etruria. princeps. aet. suae. an* XIV. Buste à d.; dessous, *m. sold. f.* 9 c.

56. *Joannes Gasto. I. d. g. mag. dux. etruriae VII.* Buste à d.
R/. *per ramos Victor.* Un fleuve couché; dessous, un lion;
dans le lointain, la campagne et un autre fleuve assis.
10 p.

57. *Jo. gasto. d. g. dux. Etruriae. VII.* Buste à d. 1708. R/.
crescam laude recens. L'Étrurie présentant une couronne
et un sceptre au duc; à ses pieds, un lion couché. Exergue,
f. pieri. f. 9 c.

58. *Joannes Gasto magn. princ. etrur.* Buste à g. *a. m.* R/.
magnanimitas regia. Femme assise sur un lion, près d'un
temple; à sa droite une base, sur laquelle sont deux couronnes et un sceptre. 9 c.

59 *Jo. gasto. ma. d., etrur. VII.* Buste à g. 1720. R/. *securitas
publica.* La Sécurité debout appuyée sur une colonne.
7 c.

60. *Clara de Gonz. comiti Montepenserii et. Delphina Alvie.*
Buste à dr. R/. lisse. 6 c.

61. *Fer. Gonz. Praef. gal. cisal. trib. max. legg. Caroli V.
Caes. Aug.* Buste à g. R/. *tu ne cede malis.* Hercule combattant. 7 c.

62 *Hercules Gonzaga. Car. Mantuanus.* Buste à dr. R/. *Hiero.
Car. Seriphanus Archiepus. Saler.* 1563. Buste à g. 4 c.

63. *Hippolita Gonzaga Ferdinandi fil.* AN. XVII. *iac trez.* Buste
à g. R/. *Virtutis formae q. praevia.* L'Aurore dans un char
traîné par Pégase. Plomb. 7 c.

64. *Ulysses i. s. r. f. praesb. card. gozzadnus praef. ravenn.
lega.* Buste à d. R/. *Minerca sacra.* Minerve debout. 6 c.

65. *Ant. s. r. c. phr. card. Granvellanus.* Buste à d. R/. *Durate.*
Vaisseau à la voile. 4 c.

66. *Hieronimus Gratus jurisconsult. et francisci galliar. regis
consiliar.* Buste à g. R/. *Libertatem meam mecum porto.*
Samson portant les portes de Gaza. 6 c.

67. *R. Jacobus Gratus bon. sen. cox. justit.* Buste à d. R/. *per.
fede onor s'aquista a. d.* 1619. Écusson surmonté d'un
chapeau de cardinal. 9 c.

68. *Carolus Gratus Miles et comes bononiensis.* Buste à g. R/.
Recordatus misericordiae suae. Deux cavaliers, dont l'un
descendu de cheval, se met en prières devant la croix.
Salre; à l'exergue *opus speraudei.* Plomb. 11 c.

69. *Joannes Austriae Caroli. v. fil. aet. su.* ANN. XXIV. Buste à
g. ℞. *Classe turcica ad naupactum deleta.* La statue du
prince sur une colonne rostrale. 4 c.

70. *Jacobus s. r. c. presb. card. Sabellus.* Buste à d. ℞. *Agor*
non obruor. Vaisseau à la voile. 5. c.

71. *Jac. d. s. mariae de ara coeli presb. card. de angelis.* Buste
à d. ℞. *Marchio. phil. epu. et prior. s. Steph. patruo rest.*
M.DCC.I. Buste à g. 4 c.

72. *Isabella Aragonia dux mli.* Buste à d. ℞. *castitati virtuti.*
q. invictae. Isabelle nue assise. tenant une palme et le
bâton d'Esculape devant un palmier. 5 c.

73. *Daniel Hanna.* Buste à d. ℞. La Fortune debout. Dans le
champ, VOEC. 4 c.

74. *Henricus II. Galliarum rex invictiss. pi.* Buste à g. coiffé
d'un béret. ℞. lisse. Plomb. 9 c.

75. *Henricus II. Galliarum rex invictiss. p. p.* Buste à d. ℞
ob. res. in Ital. Germ. et col. fortiter ac. faelic. gestas.
Henri II et la Fortune dans un quadrige, conduit par la
Renommée. Dessous, *ex voto pub.* 1552. 5 c.

76. Médaille semblable à la précédente.

77. *Jac. med. march. meleg. et caes. cap. gnalis.* Buste à d.
℞. *quo me fata vocant.* Pégase s'élançant de dessus un
rocher. 6 c.

78. ΙΩΑΝΝΗC. ΒΑCΙΛΕVC. ΚΑΙ. ΑVΤΟΚΡΑΤΩΡ. ΡΩΜΑΙΩΝ.
Ο. ΠΑΛΛΛΙΟΛΟΓΟC. Buste à d. ℞. *opus pisani pictoris.*
Deux figures à cheval devant une croix. Dessous, ΕΡΓΟΝ.
ΤΟV. ΠΙCΑΝΟV. ΖΩΓΡΑΦΟV. Plomb. 11 c.

79. *Joanna austriaca mag. dux. etruriae.* Buste à g. ℞. lisse.
9 c.

80. *Teodorae cosmicae.* M. D. L. XVIII. Buste à g. ℞. lisse.
Plomb oblong. 7 c.

81. ΙΩΑΝΝΗΣ. Ο. ΛΑΜΙΩC. Buste à d. Dessous, Α. Ο.
CΙΛΩVΙΟC. EP. ℞. Minerve écrivant. 9 c.

82. *Laurentius Medicis.* Buste à d. ℞. VIII. *ib-ian.* Bonnet
de la Liberté entre deux poignards. 4 c.

83. *Laurentius Medicis urbini dux. q.* Buste à d. ℞. lisse.
9 c.

84. *Laurentius Medicis.* Son buste ; dessous, *Salus publica.*
Soldats du duc repoussant les conjurés. ℞. *julianus Medicis.* Buste du duc à g. Dessous, *luctus publicus.* Assas-
sinat du duc. 6 c. (*Conjuration des Pazzi.*)

85. *Lud.* XIIII. *d. g. fr. et. nav. rex.* Buste à d. ; dessous, *Varin.*
℞. *Anna. d. g. fr. et. nav. reg.* Buste à d. ; dessous, *Varin.*
11 c.

86. *Ludov. card. Portocarrero. Toled. hisp. primas. a. cons.
stat. pro. rex. et. cap. gen. sigil. ten. gen. maris. orator.
extra. ad. Innoc.* XI. Buste à g. ℞. Port de mer et canons ;
devant, statue sur une colonne. Sur le soc, on lit : *Hoc
duce cuncta placent.* 5 c.

87. *Ut sapiens architectus fundamentum posui quod est xrs.
iesus.* Buste à d. tenant un livre. ℞. *ludovicus. card. ludovisius.,* etc. 9 lignes dans le champ, *an* MDCXXVI. 6 c.

88. *Fragilem arenam jacimus ut domum fundemus aeternam.*
Buste à d. ℞. *Ludovicus card. ludovisius,* etc. Église.
Dessous, *an* MDLXXVI. 6 c.

89 Buste à g. de Martin Luther. Dans le champ, *Lv. zi. ma.,
lut. ihs. wit.* ℞. *Fortitudo vestra in silencio et spe erit.* Une
rose. 4 c.

90. *Antonius Magliabechius.* Buste à d. ℞. *omnibus omnia.* Un
livre ouvert sur une table. 10 c.

91. *P. Gabriello Malagrida, P. Giovanni de Matas, P. Giovanni Alessandro.* Trois bustes accolés à g. ℞. Dans le
champ, *Foris canes venefigi impudici homicidiae et idolis
servientes. Apog.* 22. 9 c.

92. *Malatesta Novellus dux equitum praestans.* Buste à g. ℞.
opus pisani pictoris. Guerrier descendu de cheval pour
adorer le Christ. 9 c., plomb.

93. *Sigismundus, Pandulfus Malatesta Pan. f.* Buste à d. ℞.
Castelium Sismundum Ariminense. MCCCCXLVI. Château
fort 8 c.

94. *Margareta de Austria d. p. et. p. germaniae inferioris gab.*
Buste à d. ℞. *Favente deo.* Marguerite d'Autriche, au
milieu des flots, tenant une épée et un rameau. 6 c.

95. *Carolus Marattus.* Buste à d. ; dessous, *cheron.* ℞. *Ars
genius que simul.* La Peinture et le Génie des arts debout.
7 c.

96. *Carolus II hisp. rex.* Buste à d. ℞. *Maria Anna uxor II.* Buste à g. 6 c.

97. *Maximilien d. g. bohe. rex.* Buste à g. ℞. lisse. Plomb. 7 c.

98. *Balduinus de monte comes.* Buste à g. ℞. *magis vici sed tibi.* Le comte à cheval terrassant un ennemi. 4 c.

99. *Franc. r. s. c. presb. card. Nerlius.* Buste à d. ℞. *Vim hausit tueis.* Un cep de vigne éclairé d'un côté par le soleil, de l'autre par six étoiles. 4 c.

100. *Petrus s. r. c. dia. card. Outhob. v. c.* Buste à d.; dessous, *ott. vestri.* ℞. *Divitias nihil esse duxit in comparatione illius.* Génie ailé tenant d'une main une corne d'abondance, et de l'autre une croix. 7 c.

101. *Hieronymus Panicus, pat. Pompeius Lodovisius bon.* Deux bustes accolés à g. ℞. *Benevolentia ducis.* Génie debout devant un aute.; dessous, *genio.* 4 c.

102. *Jacobus III comes de Panico geomates.* Buste à g. ℞. lisse. 8 c.

103. *Guido Pepulus bononiensis comes.* Buste à g. ℞. *Sic docui regnare tyrannum.* Deux personnages assis devant une table; dessous, *opus sperandei.* 9 c.

104. *Isabella manfro. de Pepoli,* 1571. Buste à d. ℞. lisse. Plomb. 7 c.

105. *Philippus Austr. Caroli II. Caes. f.* Buste à g. ℞. *Colit ardua virtus.* Hercule conduit par deux femmes. 8 c.

106. *Philippus V hisp. rex. med. dux.* Buste à d.; dessous I.V.F. ℞. *Fraterna unanimitate.* Deux femmes couronnées se donnant la main; dessous, MDCC. 7 c.

107. *Philippus IIII. hispaniarum rex.* Buste à d. ℞. *Lustrat et foret.* Apollon dans un quadrige. 4 c.

108. *D. Petrus. ab. etrur. princ.* Buste à g. ℞. *Terror et Tutela.* Un canon sur des remparts. Exergue *a. selci. f.* 8 c.

109. *Guido Poterius regum. franc. et. polon. cons. et med.* Buste à d. Exergue, *romae* M.D.CLV. ℞. Une torche et une massue en sautoir, sur une bandelette, *a numine virtus.* 4 c.

110. *Franc. Quirinus.* Buste à d. ℞. *Perpetua Soboles.* Louve allaitant Rémus et Romulus. 4 c.

111. *F. marchio riccardi. p. e. cos. m. d. etr. a. cons. et. sum. aulae. pref.* Buste à d.; dessous, *g. f. f.* M. D. CCXV. ℞. *Egentium votis.* Un palais, au pied duquel se trouve l'Architecture et une femme tenant deux enfants; au-dessus, une Victoire apporte une couronne et une clef. 9 c.

112. *Ludovica Felicina Rubea.* Buste à d. ℞. lisse. 7 c. Plomb.

113. *Isabella Ruina.* Buste à g. ℞. lisse. plomb. 9 c.

114. *Julianus eps. ostien. car. s. p. adcincula.* Buste à d. ℞. *Clemens de. rue. vere. eps. mimaten.* Buste à d. 6 c.

115. *Virgilius Rosarius car. de. spol. to.* Buste à g. ℞. *Fide et pruden. colui donec.* Main entourée d'un serpent; dessous, une rose, 3 c.

116. *Julius. cardinal. sachettus. bon. legatus. de. latere.* Buste à g. ℞. Sur un écusson, on lit : *Urbano VII. regnante. anno. sal.* MDCXXXIX. 6 c.

117. *Julius cardinal sachettus,* etc. Même tête. ℞. lisse. 6 c.

118. *Sanctorius. sanctor. in. gymn. fat. primar. med. prof. act. suae. an.* LXXIV. *obiit.* M. D. C. XXXIV. Buste à d. ℞. *Ponderibus librata salus.* Un homme nu sur une balance; à l'exergue, une grande légende en quatre lignes. MDCCLXV. 9 c.

119. *Alessandro. segni. senat. et. segret. della. crusc.* Buste à d. ℞. *E s'armi. contro il mondo e la mia sorte.* Des rosiers et des gerbes d'épis; à l'exergue *guarnito.* 9 c.

120. *Faustina sporti. marc. caravagli.* Buste à d.; dessous, *v. g. b. f. f.* ℞. lisse. 7 c.

121. *Hieronymus. sav. fer. vir. doctiss. et. propheta. santismus.* Buste à g. ℞. *Gladius Domini sub terram cito et velociter.* Main armée d'un glaive dirigé vers la terre. 6 c.

122. *Anna. m. f. saxelaci. mag. dux etrur.* Buste à d. ℞. *cingit geminos polos.* Le Soleil éclairant la terre 9 c.

123. *Jo. III. daciens. turc. tart. polon. vix. max.* Buste de Sobieski à d. ℞. *Pax fundata cum moschis.* Sobieski donnant la main à la Moscovie; à l'exergue, *Decennalia Aug. i. b. g. f.* 7 c.

124. *Jacob. tit. s. eustachii. s. r. e. cardinalis. isulanus. a.* MCCCCXXIII. Buste à g.; dessous, *f. des. v.* ℞. *Hacc. scissa. illa. jacens. sed. nos. utramque tuemur.* Deux enfants allaités par une brebis. 7 c.

125. *Tranc. tit. s. mariae. in via. s. r. c. presb. card. Albitius.* Buste à g. ℞. *hic tres ille duas.* Hercule combattant la chimère. 7 c.

126. *Thomas Philologus Ravennas,* Buste à d. ℞. *Virtute parta dea et labore.* Victoire couronnant un bœuf, 5 c.

127. *Thomas philologus Ravennas* Buste à d. ℞. *genitata jove et sorore;* un aigle présentant pour qu'elle l'allaite, un enfant à une femme nue couchée. 4 c

128. *Cap. generalis. nic. urs. pet. et. nol. comes. sibi. du. do. ve. armor.* Buste à d. ℞. Légende à peu près semblable. Pierre Ursin à cheval, suivi de deux hommes d'armes à pied. 4 c.

129. *Paul. Jòrd. II. Ursinus bracc. dux. p. p.* Buste à g. ℞. *cum diis non contendendum.* Apollon et Marsyas. 3 c.

130. *Paul. Jord. II. bracc. dux plumb. p.* Buste à d. ℞. La Fortune avec la roue. Dans le champ, *et sinete* 1635. 3 c.

131. *M. Hieronymus Vida.* Buste à d. ℞. *quos amarunt dii.* Pégase s'élançant de dessus un rocher. 4 c.

132. *Victor Amedeus. dux. sab. princ. ped. rex. cip.* Buste à d. Dessous. *g. Duprè f.* 1636. ℞. lisse. 11 c.

133. *Vin. g. dux. mant. IV. et mont. f. II.* Buste à g. ℞. *domine probasti* 1590. Un bûcher. 5 c.

134. *Violantes beatr. mag. etr. princ.* Buste à d. ℞. lisse. 9 c.

135. Même tête et même légende. Buste à d. ℞. *grata vice.* Un fleuve et une rivière couchés; à leurs pieds, un lion. 9 c

136. *Anideo. tibi bellus quia fausto nomine vocaris.* Buste à g. ℞. *fides.* La Foi debout tenant un calice et une croix. 6 c.

137. *Alexander VII. Pont max. a VIII.* Buste à g.; dessous, 1662. ℞. *Ostendit dominus misericordiam in domo matris suae.* Une église; au bas, *ariciae.* 7 c.

138. *Alexander VII. pont. max. a VII.* Buste à g.; dessous, 1661. 11 c.

139. *Vaticani templi area porticibus ornata.* Buste à d.; dessous, *Alexandre VII. p. m.* ℞. Le Vatican, *fundamenta ejus in montibus sanctis.* 8 c.

140. *Alexander. VIII. Otthobonus-Venetus, pont. max.* Buste à g. ℞. *Petrus. card. Otthobonus,* etc. Un autel sur lequel on lit : *pont. max.* 7 c.

141. *Clemens VII. pontifex max.* Buste à d. ℞. lisse. 9 c.

142. *Clemens IX. pont. max. an. sal.* MD.CLXIX. *ampliata. basilica. liberiana.* Buste à g. ℞. lisse. -

143. *Clemens XI. pont. max. an* VII. Buste à d. ℞. lisse. 14 c.

144. *Andreas. doria p. p.* Buste à d. ℞. Buste à d. entouré de chaînes. 4 c.

145. *Julius ligur. papa. secundus* MCCCCVI. Buste à d. ℞. *pedo. servatas. oves. ad. requiem ago.* Un berger avec son troupeau de moutons. 6 c.

146. *Leo. XI. pont. opt. max.* Buste à g. ℞. lisse. 9 c.

147. *Et. lapis. iste. domus. dei. vocabitur.* Buste devant le livre des Évangiles. ℞. *Paulus V,* etc. Dans le champ, une inscription en dix lignes. 10 c.

148. *Paulus V. burghesius. pont. max. a. s.* MDCVIII. *pont.* III. Buste à d.; dessous, *p. sanquiric.* ℞. *temp. d. petri in Vaticano.* Eglise de Saint-Pierre. Exergue, *et portae inferi non praevalebunt.* 6 c.

149. *Paulus V. burghesius. romanus pont. max. a. s.* M. D. C. V. *pont.* I. Buste à d. ℞. *beatissim. mariae. semper. virgin. sacellum. a. fundamentis erexit.* Eglise de Sainte-Marie. 6 c.

150. *Paulus. V. burghesius. ro. p. max.* Buste à d.; dessous, *an* XVI. ℞. *ceperant. pons. super. lirim. restitu us. pont.* 5 c.

151. *Bened. s. r. e. pre. car. justinianus. bon. leg. paulo. V. p. m. p.* Buste à g.; au-dessus, un temple. Dans le champ, MDCVI. 7 c.

152. *Io. ba. cas. car. v. caes. fer. ro. reg. et. boe. exercit. dux.* Buste à g. de Castriote. ℞. *captis. subac. fusis,* etc. La Dacie, la Perse, la Turquie faisant leur soumission au duc. 5 c.

153. Même légende et même buste à g. ℞. *Transilvania capta.* La Transylvanie couchée, présentant une couronne à l'armée; derrière elle, un trophée. Exergue, *Mauruscius.* 5 c.

154. *Pet. victorius. aet. suae. an.* LXXXV. Buste à g. R. *si. mihi. susceptum.* Pallas debout. 5 c.

155. Sans légende. Buste de femme à d. coiffée d'un casque. R. lisse. Plomb oblong. 7 c.

156. *Hac. neopulchra. majis. neomag. casta. fui.* Buste de femme. R. *te. nec. vivere. veliem. ego. nec. possim.* Deux figures nues debout et deux couchées. Plomb. 4 c.

157. *Vas. insigne. devotionis.* Buste de face de la sainte Vierge tenant l'Enfant Jésus. Dessous, *opus. lucq. cancellarii.* R. *Vias meas enuntiavi.. et. ex. a.* Vue d'une abbaye. 8 c.

158. *Dum sunt,* etc. Bustes affrontés de saint Pierre et saint Paul; au milieu, une croix. R. *Innoc. X. p. m.,* etc. Écusson; au-dessus, un chapeau de cardinal; dessous, 1653. *ipse fundavit.* 7 c.

159. *Ego. sum. via. veritas. et vita.* Buste du Christ à g. R. Jésus-Christ sur la croix entre les deux larrons; au bas, les saintes Femmes. Plomb. 8 c.

160. *Paul. II. venetus. pont. max.* Buste à g. R. *aedes condit anno christi.* M.CCCCLXVII. *a. s.* Église. 4 c.

PAPES EN BRONZE.

161. Alexandre VII, Benoît XIV, Clément XI, Grégoire XII, Innocent X, Innocent XI, Innocent XII, Léon X, Léon XI, Sixte V. 10 p.

162. Alexandre VII, Benoît XIV, Clément XI, Clément XIII, Grégoire XIII, Innocent X-XI-XII-XIII, Jules III. 10 p.

163. Alexandre VII, Benoît XIV, Clément XI, Clément XIII, Grégoire XIII, Jules II, Jules Odescalcus, Innocent VIII-IX, Jules III. 10 p.

164. Alexandre VII, Benoît XIII-XIV, Clément VII-X-XI-XII-XIII, Grégoire XIII, Jean XXII. 10 p.

165. Alexandre VII, Benoît XIII-XIV, Clément VII-X-XI-XII-XIII, Eugène IV, Grégoire IIII. 10 p.

166. Alexandre VII, Benoît XIII-XIV, Clément VII-IX-X-XI-XII-XIII-XIV. 10 p.

167. Alexandre VII-VIII, Adrien, Benoît XIII-XIV, Calliste III, Clément VII-IX-X-XI. 10 p.

168. Alexandre VII, Grégoire XIII, Innocent XI-XII, Paul II-III-IV, Paul Carpius. 10 p.

169. Alexandre VII, Grégoire XIII, Innocent X-XI-XII, Paul II-III-IV, Paul Borghèse. 10 p.

170. Alexandre VII, Innocent XI, Paul II-V, Pie II-III-IIII-VI-VII. *Fredericus, eps. prenestins.* 10 p.

171. Alexandre VII, Paul II-III, Pie II-IV, Urbain VII-VIII, Sixte IV, Sixte V. 10 p.

172. Alexandre VII, Paul II, Pie IV-V, Sixte IV-V, Urbain VIII. 10 p.

173. Paul V, Sixte V, Urbain VIII, Siége vacant. 11 p.

174. *Hercules Marscotus.* Buste à d. ℞. *s. b.* Homme nu sortant des flots et portant un globe.

175. *Joanes Betivolus Bonon. libertatis princeps.* Buste à g. ℞. Deux Amours tenant un écusson. A l'exergue, *Opus sperandei.*

176. *Jo. Bent. II. Hanib. filius, eques ac comes, patriae princeps ac libertatis columen.* Buste à d. ℞. *Opus sperandei.* Le prince sur un cheval, et suivi d'un autre cavalier.

177. *Carolus Gratus miles et comes bononiensis.* Buste à d. ℞. *recordatus misericordie sue.* Un cavalier descendu de cheval est à genoux devant une croix et prononce le mot *salve.* A l'exergue, *Opus sperandei.*

178. Sous ce numéro, on vendra une grande quantité de médailles très-belles et non cataloguées, toutes variées.

RENOU et MAULDE, Imprimeurs de la Compagnie des Commissaires-Priseurs, rue de Rivoli, 144.   7729